AF364525

"La Democrazia è morta ed è colpa sua"

Processo preterintenzionale alla Democrazia

di
Giuseppe De Renzi
(*Accusatore*)

e di
Alfonso Artone
Marco Tarantino
Massimo Penitenti
Maurizio Cassinari
(*Difensori*)

Illustrazioni di
Matteo Dorigo

MARKET
CASSA

LA DEMOCRAZIA È MORTA!

Immaginate di entrare in un supermercato: le porte si spalancano come d'incanto, siete guidati attraverso un labirinto di corsie verso banchi pieni di ogni ben di Dio, riempite il vostro carrello con una quantità inimmaginabile di ogni tipo di merce che voi desiderate, quindi andate verso l'uscita, dove pagate alla cassa con il vostro bancomat o con la vostra carta di credito, e finalmente uscite soddisfatti.
Questo è come funziona un supermercato normale, nella vostra civiltà.
E ora immaginate la stessa scena, ma al contrario: le porte si aprono come d'incanto, pagate alla cassa con il vostro bancomat o la vostra carta di credito, vi dirigete attraverso il labirinto di corsie verso i banchi pieni di ogni ben di Dio, guardate tutte le mercanzie esposte ma non mettete niente nel carrello, quindi vi dirigete verso l'uscita con il carrello vuoto e con un senso di frustrazione per aver pagato una cosa di cui non siete venuti in possesso e che non potete consumare. Impossibile? Non vi accade mai? Eppure è quello che fate quando andate a votare. È la cosiddetta democrazia odierna: c'è tanta mercanzia sugli scaffali, ma sono solo promesse. Per poter avere l'illusione di avere ciò che desiderate dovete prima votare, cioè pagare, e alla fine vi rendete invece conto che

nel carrello non è stato messo assolutamente nulla di quello che avreste voluto.

Questo accade perché la cosiddetta democrazia è fallita. La democrazia si è rovesciata. La democrazia è morta! Nella vera democrazia che credevate di aver costruito i governanti e gli amministratori erano eletti dalla maggioranza del popolo – tutto - e dovevano servire il popolo, cioè esaudire i suoi bisogni. Nella vera democrazia, in cui credete di abitare ancora oggi, voi avreste dovuto votare a seconda di ciò che vi veniva dato, cioè solo dopo che i vostri bisogni venivano bene o male appagati. Se lo fossero stati in un modo per voi soddisfacente, allora sareste tornati nel supermercato e avreste ripreso la stessa merce per poi pagarla alla cassa con il vostro voto di conferma. Se i vostri bisogni invece fossero stati male appagati o se non lo fossero stati affatto, allora avreste prima cambiato merce e poi forse anche il supermercato.

Ma nel frattempo è accaduto qualcosa… Nella democrazia reale, quella in cui viviamo e che talvolta pretendiamo addirittura di esportare in altri Paesi, qualcosa ha invertito completamente l'ordine delle cose. Quello che era il cosiddetto potere della maggioranza è diventato in realtà uno strumento completamente in mano ad una oligarchia che lo usa per perseguire e accrescere i propri interessi, spesso solo economici.

Non è più il popolo a governare attraverso amministratori eletti a maggioranza, ma è il sistema amministrativo ad esercitare il potere sfruttando il popolo.

Per questo dico che la democrazia è morta! Ed è colpa sua!

Io credo che se la democrazia è morta non è per colpa dei partiti, dei cittadini indifferenti, delle costituzioni imperfette, dei corrotti o delle lobbies. Io credo che la democrazia è morta perché non poteva essere altrimenti, perché contiene in sé stessa il germe della autodistruzione.

C'è una ragione molto profonda che è alla radice del fallimento inesorabile del sistema chiamato democrazia.

Non ci credete, eppure ritengo che sia proprio così. Non sono le ragioni esterne alla democrazia a tradirla ma al contrario è la democrazia – per definizione - a non poter soddisfare i bisogni delle persone. E con questo breve pamphlet cercherò di dimostrarvelo.

Per farlo, ho chiamato a processo la democrazia stessa, e ho nominato come suoi difensori quattro miei appassionati amici: Alfonso Artone, Marco Tarantino, Massimo Penitenti e Maurizio Cassinari.

Il capo d'accusa, tremendo, è che la democrazia contenga al suo interno un difetto primordiale, indipendente dalle persone, che la rende a lungo andare un sistema disumano e autodistruttivo.

Per mostrarvi la mia tesi mi servirò di tre semplici domande, rivolte ai miei amici:

* Come la definireste, voi, la democrazia?
* Perché nelle democrazie odierne c'è un'alta percentuale di astensionismo dal voto?
* Quale forma di governo prenderà il sopravvento nel mondo nel futuro?

Dunque, che il "processo" alla democrazia abbia inizio!

COME LA DEFINIRESTE, VOI, LA DEMOCRAZIA?

L'accusatore

Pino De Renzi

Il principio basilare della democrazia è un principio demente. In democrazia, si dice, la legge fondamentale è che vince la maggioranza.
In natura le cose non funzionano così. La natura si evolve sul principio del vantaggio evolutivo continuo dato dalle "novità" spesso portate anche da un singolo. In un bosco di alberi dalla corteccia bianca, delle farfalle bianche non sono individuabili dai loro predatori e vi vivranno in relativa tranquillità. Appena una di loro diventasse colorata o, peggio, nera, sarebbe immediatamente catturata e mangiata. I geni delle farfalle che producono il colore nero delle loro ali non avranno nessuna possibilità di prendere il sopravvento su quelle dal colore bianco. Ma se gli alberi diventassero improvvisamente e velocemente scuri? Ecco che le farfalle bianche sarebbero predate di più di quelle nere, prima in minoranza, e da quella sola unica farfalla che aveva i geni del colore nero nasceranno nuove farfalle nere, apportando così un vantaggio vitale a tutta la comunità delle sue simili, permettendone la sopravvivenza. La natura non pensa a "maggioranza" per prendere decisioni importanti. Sfrutta la capacità di ogni singolo individuo di "cambiare" e di "inventare" soluzioni diverse e, nel caso che improvvisamente le cose si mettesse-

ro male, utilizza immediatamente ogni nuova soluzione per continuare a svilupparsi.

In una democrazia odierna, questo è fuori discussione. Chi è in minoranza non avrà mai la possibilità di vedere approvata velocemente una nuova regola vantaggiosa per tutti: gli ci vorranno lunghe estenuati battaglie, prima che quella idea venga riconosciuta legittima e venga approvata, magari però quando è ormai troppo tardi.

Perché noi umani non sfruttiamo invece le peculiarità della natura? Della nostra natura! Anche gli esseri umani sono fatti così. Anche noi mescoliamo i nostri geni e il nostro DNA accoppiandoci di continuo per cercare di creare variabili diverse. Di certo quando facciamo l'amore non andiamo a chiedere ai nostri geni quali siano quelli in maggioranza! Noi mescoliamo le nostre individualità, le nostre unicità, ed è grazie a questo che ci siamo evoluti così rapidamente. Perché mai, invece, ci facciamo leggi decise dalla maggioranza? Chi è il folle che ha inventato questa cretinata?

Mettiamo per esempio che un condominio abbia alle finestre delle tende tutte marroni.

Il regolamento condominiale approvato a maggioranza recita che tutto il palazzo deve avere tende marroni.

Secondo la democrazia attuale un inquilino non potrebbe mettere delle tende bianche finché la "maggioranza" non voti la sua proposta al 50% più uno degli aventi diritto.

Ci vorrebbe tempo, per convincere tutti che le tende bianche sono più belle delle marroni.

E se invece un inquilino fosse libero di mettere le tende bianche?

Ora, lui rimarrà l'unico ad avere le tende bianche, finché qualcun altro non realizzerà che il bianco in effetti è più bello. Ma ad un altro potrebbe venire in mente di farle blu e ad un altro rosse.

E' il caos?

No: è un vantaggio evolutivo. Se quell'ambiente è soleggiato, è probabile che il blu per esempio faccia più ombra e gli altri poco a poco sceglieranno il blu per le proprie tende, finché ad uno non verrà in mente che farle di un altro materiale anziché di cotone sia meglio... e così via.... in un processo continuo....

È così che dovrebbe essere la democrazia! Così anche per le leggi.... Bisognerebbe seguire il processo di innovazione continuo apportato dalle... minoranze! Non aspettare che la maggioranza decida per tutti ma lasciare tutti liberi di esprimere le proprie tendenze da cui prendere il meglio per migliorare continuamente la società!

I difensori

Alfonso Artone

Spesso oggi confondiamo il concetto di democrazia con quello di equilibrio tra maggioranza e minoranza. Nei secoli passati, sono stati sperimentati i più diversi strumenti al fine di raggiungere l'obiettivo - ritenuto per lo più utopistico - del "governo del popolo", che poi è il suo significato etimologico. Maggioranza e minoranza sono comunque lo strumento che caratterizza la forma di governo "democratico" più diffusa nel mondo occidentale: la cosiddetta "democrazia elettiva". Tanto per capirci, se non esistesse il metodo elettivo, non esisterebbero neppure maggioranze e minoranze, ma il concetto di democrazia resterebbe in ogni caso prepotentemente valido e magari verrebbe perseguito con altre tipologie di arnesi, più o meno validi.

Come fare dunque a comprendere, ed auspicabilmente a realizzare, il significato compiuto di democrazia? A tal fine a mio avviso, conviene partire da quella che viene convenzionalmente definita la sua antitesi: l'anarchia, ovvero il non governo, o l'assenza di governo.

Sia l'anarchia che la democrazia considerano l'individuo una sorta di "dominus" e perseguono come fine ultimo la sua libertà di scelta. La differenza primaria tra la democrazia e la sua antitesi può essere identificata dunque nel limite concesso o meno alla libertà stessa degli individui. Nell'anarchia la libertà dell'individuo, sacra ed immutabile, va ricercata ad ogni costo. Gli individui vengono considerati nella loro singolarità, che deve essere tutelata a prescindere da tutto e da tutti. Nella democrazia invece il concetto di libertà è applicato alla collettività degli individui, che devono essere liberi di autodeterminarsi e di scegliere liberamente, cioè appunto

"democraticamente", senza ledere la libertà di altri individui. Seguendo tale logica dunque la differenza tra anarchia
e democrazia sta appunto nella serie di regole e paletti atti a
preservare il più possibile l'autodeterminazione dei singoli
individui intesi in senso "collettivo". Nell'anarchia l'individuo è sacro, pressoché perfetto, e quando è lasciato libero di
scegliere agisce comunque nel modo migliore. Nella democrazia è la collettività che è ritenuta sacra e, quando è lasciata
libera di scegliere, agisce nel modo migliore - o meno peggiore - prendendo per mano le singole individualità, considerate imperfette, aiutandole a raggiungere, tutte insieme, la
libertà individuale ma soprattutto collettiva.
Tuttavia, come spesso accade, tesi ed antitesi, sinonimi e
contrari, se portati alle estreme conseguenze, o idealizzati,
finiscono per coincidere: in una società ideale fatta di individui ideali, la collettività e le singole individualità dovrebbero
agire in modo simile, concorde e complementare.

Marco Tarantino

La definizione più "datata" e anche più banale di "democrazia" è, dal significato di chiara derivazione greca, "governo
del popolo". In realtà non vi è mai stato un vero e proprio
governo del popolo nella storia, intendendosi con questa
espressione il governo praticamente di tutti, all'unanimità.
Ciò non si è verificato neanche con le Poleis greche, né con i
Comuni italiani.
Cosa è quindi la democrazia? Rifacendomi alla tradizione
della democrazia liberale, nata in Inghilterra dalla Magna
Charta in poi, quindi a datare le proprie origini dal XIII sec.,
potrei definire la democrazia come "il governo della maggioranza sulla base di principi di legalità che implicano il rispetto dei diritti e delle libertà del singolo individuo, ivi compresi

i diritti e le libertà delle minoranze".
In altre parole, alla base della democrazia, così come la conosciamo, sta una convenzione o patto sociale, in virtù del quale il singolo individuo e i singoli gruppi sociali si spogliano di parte della loro sovranità e indipendenza in favore di un principio supremo, contenuto nella Legge ed incarnato dalla Legge. È grazie alla Legge che è possibile la democrazia; ed è grazie alla democrazia che è possibile la convivenza sociale nel rispetto dei diritti e delle libertà di ciascuno.

Massimo Penitenti

La democrazia più somigliante alla mia visione di come dovrebbe andare il mondo è quel tipo di governo della cosa pubblica dove chi vota partecipa attivamente, non necessariamente all'attività di governo; per partecipazione intendo anche semplicemente essere informati su tutte le opzioni presentate per soddisfare esigenze e priorità.
Una partecipazione al voto dove chi si esprime non sia necessariamente in gran numero, dove la partecipazione sia dettata dalla consapevolezza intellettiva più che dalle simpatie di pancia.
Cosciente del fatto che il raggiungimento di questo obiettivo non mi sarà dato vederlo, non durante la mia permanenza sul pianeta Terra almeno, lavoro e lavorerò per far si che il maggior numero di persone sia il più possibile edotto sulle istanze e priorità che mi sono più vicine.

Maurizio Cassinari

La Democrazia, a mio parere, deve essere libertà di muoversi, agire, creare, lavorare, divertirsi… in altre parole: vivere, all'interno di regole di convivenza civili, laiche e apartitiche

che rispettino le scelte della maggioranza ma guardino sempre ai diritti delle minoranza. Nella democrazia non dovrebbe esistere la parola "ultimi", tutti vanno portati ad un vivere dignitoso, nessuno deve essere lasciato indietro, non dovrebbero esistere discriminazioni di alcun tipo, classi sociali di appartenenza rigidamente definite e separate. La dignità ed il rispetto devono essere unici, qualunque sia il tuo reddito, la tua cultura la tua intelligenza. Fondamentale anche il concetto di "solidarietà" verso chi è in difficoltà per qualsiasi motivo.

Così dovrebbe essere secondo me la democrazia o perlomeno, a questo dovrebbe tendere; al momento quello che percepisco è un qualcosa che è sicuramente ben lontano dal definirsi "dittatura" o "totalitarismo" ma certo presenta delle storture che lo allontanano dal sistema democratico ideale propriamente detto. Il sistema di potere, ad esempio, pur essendo di fatto elettivo, con libere elezioni, senza le imposizioni che avvengono nei paesi finto-democratici, viene percepito come il potere di pochi che rispondono non al popolo che li ha eletti ma ad "altri" (ad esempio il mondo della finanza oppure il potere ecclesiastico oppure, una volta almeno, Mosca o peggio la criminalità organizzata). In questo modo quindi il potere democratico, che è in mano al popolo, viene usato come svincolato dal popolo stesso, o almeno così viene percepito.

PERCHÈ LA GENTE NON VOTA?

L'accusatore

Pino De Renzi

Alle recenti elezioni italiane per il parlamento europeo del 2014 un partito ha preso il 40,8 % dei suffragi. Un trionfo! O almeno così è stato definito a caratteri cubitali sul palco del congresso di quello stesso partito, celebrato immediatamente dopo la chiusura delle urne.

Vista così sembra quasi che quel partito abbia raccolto le simpatie di mezza nazione. Ma c'è un ma. Quasi la metà degli elettori non ha votato! Così, quel 40,8% è stato raccolto solo sulla metà dei cittadini. Rifacendo i calcoli, tenendo conto che appunto quasi la metà degli elettori non ha votato, si vede che in realtà quel partito è stato scelto dal 20,4% di tutti gli aventi diritto: non si può certo dire che esso sia la più grande forza politica presente nel Paese! Nella nostra metafora del supermercato, è come se solo un cliente su cinque avesse pagato alla cassa per la merce che ha ritenuto di acquistare, non uno su due! C'è una bella differenza!

Questo è il dramma delle democrazie di oggi. Il sistema era partito con l'idea che il popolo fosse governato da una 'maggioranza' e invece adesso si trova ad essere governato da una 'oligarchia' spesso esigua. Tanto più esigua, anzi, quanto più è frammentato lo schieramento dei partiti.

In tutte le democrazie odierne la quota di persone che va al

ELEZIONI

supermercato delle promesse elettorali e vota scegliendo ciò che non otterrà mai si sta assestando intorno al cinquanta-sessanta per cento. Circa la metà delle persone affamate di bisogni non si reca più nemmeno nei supermercati o non tira fuori né il bancomat né la carta di credito né il contante. Un cittadino su due non esprime più le sue preferenze politiche, non sceglie. Non si reca a votare, o vota scheda bianca, o annulla la scheda con un segnaccio o con un bel disegno. Semplicemente non paga, cioè non compra la mercanzia esposta. E questo non perché non sia affamata, come voi. Anzi, forse lo è di più.

Molto semplicisticamente, si dice che chi non vota, pur avendone il diritto, non conta. Il suo non-voto, praticamente non serve. All'inizio non andare a votare era addirittura considerato una colpa, poi questo delitto contro la democrazia è stato derubricato ad azione di protesta, disinteresse, scarso senso civico e alla fine è stato nascosto ai più, in modo che questa massa di non-voti non fosse neanche visibile. Quando si leggono le percentuali dei leader vincenti si leggono numeri parziali, molto parziali, spacciati per assoluti. Nelle recenti elezioni del sindaco di una grande città il primo eletto "vinse" con il 66 % dei voti scrutinati e ritenuti validi. Si sarebbe detto un sindaco vincente a stragrande maggioranza! Il giorno dopo vidi però un adesivo appiccicato su un cestino dei rifiuti in cui c'era scritto: sei il sindaco di nessuno! Qualcuno aveva rifatto i calcoli sul totale degli aventi diritto, non solo su quelli che avevano votato in maniera "valida", e aveva scoperto che in realtà il nuovo sindaco aveva preso il 66% sul 56% circa che aveva votato: dunque avrebbe governato quella grande città con una percentuale di preferenze totali che in realtà non arrivava al 37 % di tutti i voti possibili. La realtà vera era che quel sindaco era stato scelto da una minoranza esigua di cittadini, perché ben il 63% di essi non lo voleva come suo sindaco, eppure egli li avrebbe governati sfruttando il principio del voto di "maggioranza". Esattamente il contrario di ciò che si voleva far credere. Definirlo sindaco di nessuno forse era eccessivo ma quell'adesivo mi fece riflettere.

Tutti, davanti a questi dati di fatto, replicano che la democrazia non c'entra con tutto questo. La democrazia, mi viene sempre ripetuto come una litania, è il migliore dei sistemi politici possibili. Se non funziona è colpa della scarsa partecipazione dei cittadini alla vita pubblica, è colpa dei non votanti, è colpa dei partiti senza più anima, è colpa della corruzione, è colpa di migliaia di cose ma non certo della democrazia in sé…

Se la partecipazione al voto è bassa è colpa di chi non vota, si dice. Sono quelli che non votano ad avere torto a non andare a votare.

Ma è proprio così? È davvero solo il crollo delle ideologie, come si sente da più parti, ad aver allontanato la gente dal voto? È davvero solo colpa del "menefreghismo"?

È un punto delicatissimo, questo, e va compreso bene: secondo me chi non vota ha ragione da vendere, al pari di coloro che votano. Se uno entra in un supermercato e ne esce senza comprare nulla è colpa sua o del supermercato che non fornisce tutti i prodotti di cui si ha bisogno?

È vero o no che la democrazia, di fatto, rappresenta soltanto una fascia di interessi sempre più particolare (e oligarchica) e sempre meno collettiva (e democratica)? Se la gente non vota più, non è solo per menefreghismo! La ragione vera è che non si sente rappresentata da nessuno! Dunque, coloro che non votano non è vero che non contano nulla. Contano eccome, ma sono ignorati. Al potere in fondo fa comodo poter manovrare una quota sempre minore di cittadini, le variabili diminuiscono e meno sono i cittadini da convincere, più crescono le probabilità di riuscita. Alla democrazia fa comodo il non voto!

Il vero problema è che però chi non vota ha una visione più ampia di ciò che serve alla società ed esprime una libertà di più ampie vedute. Tante quanto sono le persone che non votano più! È un patrimonio immenso, quello detenuto da coloro che non votano, ma la democrazia lo liquida facendo spallucce. Ma disinteressarsi di chi non vota è un boomerang. Non basta etichettarli come scansafatiche della democrazia. Le persone che non votano hanno semplicemente deciso di esprimere la loro opinione in altro modo e cioè con la non adesione ad un sistema incancrenito!

La democrazia odierna può ancora far finta di ignorare questa grande parte di cittadini, spesso molto attivi economicamente e socialmente, ma fino ad un certo punto. Cosa accadrebbe se ad una prossima elezione si presentasse a votare solo il 30% degli aventi diritto? O il 20%, o il 10%? Qualcuno si chiederebbe come mai la gente non va più a votare?

E cosa ne sarebbe della democrazia, a quel punto? Non è, per caso, che la democrazia non è capace di assolvere al suo compito di provvedere ai bisogni di tutti?

I difensori

Alfonso Artone

Per rispondere a questa domanda, non terrò volutamente in considerazione la contingenza delle ultime elezioni, in quanto ritengo che l'argomento meriti una risposta la più universale possibile. Dato però che, quando si parla di politica, il ragionamento anche della mente più virtuosa è viziato da una serie di preconcetti o idee preconfezionate ereditate dalle generazioni passate o sollecitate dai mass media - o ancora, nasce da una volontà di contrapporsi proprio ai preconcetti, divenendo esso stesso un preconcetto - ritengo utile iniziare il mio ragionamento aiutandomi con un esempio.

Facciamo finta per un attimo che l'essere umano sia un calcolatore: un banalissimo PC, nemmeno troppo recente, dotato di una propria CPU, il cervello, e di un sistema operativo, costituito dalla cultura e dal bagaglio esperienziale.

Come tutti i PC, il suo compito è di generare un "output" a seguito di uno o più "input" in esso immessi. Se vogliamo dunque che questo pc-umano generi una azione, quindi un output, dobbiamo innanzitutto individuare quale tipo di input immettere. In linea generale per ottenere un output complesso immetteremo in esso un input complesso costituito da un "paniere" (una certa quantità in contemporanea) di elementi o azioni.

Se per esempio volessimo stimolare nel nostro pc-umano l'output "mangiare", dovremmo immettere come input (nel suo sistema visivo) un paniere costituito da varie immagini di alimenti. Se non riuscissimo ad ottenere l'effetto desiderato dalla nostra cavia, dovremmo variare qualitativamente la composizione del paniere facendo vari tentativi finché il sistema operativo del pc-umano in questione non decida finalmente di mangiare, avendo trovato nel paniere un alimento

– o una serie di alimenti – per lui appetibili o quanto meno accettabili. Parimenti, se al nostro pc-umano volessimo far generare l'output "lacrime", dovremmo immettere in esso vari panieri di immagini finché non ne avremmo individuato uno contenente una immagine capace di commuoverlo. Con un solo pc-umano, la dimensione del paniere da immettere, sarà probabilmente di qualche unità di immagini.

Immaginiamo ora di avere a che fare con cinque o sei pc-umani a cui sottoporre un medesimo paniere in input al fine di stimolare in essi, in contemporanea, il medesimo output. A tal fine, dovremmo sicuramente elevare il numero di elementi presenti nel paniere a qualche diecina. Più aumenta il numero di pc-umani, più deve necessariamente aumentare il numero di elementi di cui deve essere costituito il paniere. In questo modo però aumenta anche la possibilità di errore, ossia che ci sia qualche pc-umano che non generi l'output desiderato poiché non ritiene soddisfacente l'input immesso. Cosa fare allora quando, nonostante numerosi tentativi di variare qualitativamente il paniere di input, il numero di errori risulta troppo alto?

Per risolvere questo problema, le prime soluzioni che mi vengono in mente sono due; la prima: aumentare a dismisura la quantità di elementi presenti nel paniere; la seconda: agire sul sistema operativo umano "modificandolo" a nostro piacimento (per usare il gergo informatico, crackandolo).

Tra gli svantaggi della prima soluzione, vi è il fatto che è più difficile controllare le interazioni tra gli elementi presenti nel paniere di input. Tornando all'esempio della lacrima, una eventuale immagine ritenuta ridicola da un individuo azzera in esso il senso di tristezza procurato da un'altra immagine presente nel medesimo paniere.

Della seconda, la complessità e in taluni casi la legittimità.

Una terza soluzione, ove possibile, potrebbe essere quella di analizzare la serie storica di panieri utilizzati per esperimenti simili nel passato e il rapporto tra la loro composizione, la dimensione e il numero di errori nell'output generati, in modo da individuare quelli più efficaci.

Il principale svantaggio di questa terza soluzione è che consente al massimo, in linea generale, di avvicinarsi alla migliore performance di output avvenuta nel passato ma quasi mai di superarla nettamente. Inoltre, non consente una reale conoscenza di ciò che ha generato l'output, rendendo quindi il risultato solo "probabile" ma mai "certo" (ammesso che sia questo ciò che vogliamo ottenere).

Veniamo finalmente al caso della domanda iniziale: i pc-umani divengono ora i cittadini, con il loro bagaglio esperienziale e culturale; l'output desiderato è "recarsi alle urne" e il paniere di input è costituito dai programmi di governo delle varie coalizioni.

Cosa fare quando l'output desiderato – cioè recarsi alle urne - viene largamente disatteso?

Secondo le considerazioni sopra esposte per quanto possiamo variare gli input presenti nel paniere/programma, è estremamente improbabile a mio avviso raggiungere il 100% di presenze alle urne, perché:

1) Se il paniere contiene programmi di governo estremamente complessi e dettagliati, sono molteplici le possibilità che siano presenti in essi elementi ritenuti in conflitto dai vari individui.

2) Se al contrario essi sono sintetici e si basano su princìpi generali, potrebbero non contenere elementi sufficienti per essere ritenuti appetibili da tutti gli individui.

Possiamo dunque solo agire sulla qualità dei programmi di governo, aiutandoci con i risultati storici, cercando di individuare quelli che avvicinino il più possibile la percentuale di votanti a quella massima, individuando i gusti/ideali medi e basandoli su di essi. Oppure potremmo inserire nel paniere contemporaneamente programmi estremamente dettagliati, con programmi più semplici e concreti. Ma in tutti questi casi, staremmo intaccando la libertà di scelta delle singole coalizioni/partiti.

In definitiva, anche se abbiano provato a semplificare al massimo una questione che in realtà ha molti più elementi in gioco, ancora non siamo riusciti a trovare una soluzione alla nostra domanda iniziale. Vi è forse dunque un limite intrinseco negli elementi chiave che regolano i meccanismi decisionali di massa e soprattutto vi sono davvero dei grossi limiti nel sistema elettorale basato sul consenso.

Se pure individuassimo infatti un paniere – programma di governo ritenuto appetibile dalla stragrande maggioranza della popolazione, saremmo davvero sicuri che esso costituirebbe davvero quello più efficace per il sistema-Paese?

Marco Tarantino

Democrazia vuol dire governo del popolo. Come già ho detto, la realizzazione senza compromessi di questa idea è utopistica, irrealizzabile, per ovvie ragioni. Che si tratti di un'idea, di un'ipotesi e, come tale, inattuabile nella sua totalità, è provato dalla sua stessa definizione: cosa vuol dire "governo del popolo"? È necessaria l'unanimità e la completa uniformazione d'intenti e di opinioni affinché vi sia un vero governo del popolo? E, se così fosse, siamo sicuri che l'ideale dell'assoluta democrazia non sia, in realtà, il miglior viatico per la dittatura? Del resto, gli esempi storici che abbiamo a disposizione suggeriscono proprio questo: il continuo richiamo al consenso popolare e all'identificazione assoluta ora nel "capo", ora nella "nazione", ora nella "missione", ha portato ad abomini come la Germania nazista, l'Italia fascista, la Russia sovietica, ecc. Le stesse poleis greche, spesso ritenute forse l'esempio più compiuto di democrazia nella storia, contemplavano la presenza nel corpo sociale di classi quali quella degli schiavi, individui completamente deprivati di qualsiasi diritto civile e politico: eppure, la loro presenza era necessaria nella società di quel tempo perché la stessa si definisse "democratica" e perché il "popolo" governasse davvero. Ma era davvero democrazia quella? Naturalmente no. Di conseguenza, appurata l'infattibilità concreta dell'ideale di democrazia intesa come "governo del popolo", sembrerebbe che ci si sia ripiegati, durante la storia, sul "governo della maggioranza". Per cui, appunto, attraverso il processo elettorale, la maggioranza dei cittadini si esprimerebbe per conto di tutti, prendendo decisioni per tutti, anche nei confronti di eventuali gruppi o individui in dissenso. Non a caso, vari filosofi della politica hanno talvolta parlato di "dittatura della maggioranza", con riferimento in particolare ai sistemi statunitense e britannico.

Questa costruzione, già di per sé un insoddisfacente stratagemma, risulterebbe tanto più povera e deficitaria quanto più si assottiglia la base elettorale; l'aumento del numero degli astenuti, e anche di coloro che annullano o lasciano bianca la scheda elettorale, è in effetti un processo ormai consolidato nelle democrazie occidentali, che finisce per portare il governo ad essere espressione di una minoranza di elettori: questo produrrebbe una sorta di fallimento del principio della democrazia di stampo liberale, ponendo angosciosi interrogativi sui suoi sviluppi futuri.

In realtà, questa ricostruzione da parte mia è provocatoria al fine dello sviluppo del discorso; e sarebbe comunque strumentale.

Innanzitutto, il governo della maggioranza, anche con un massiccio afflusso di elettori, per una democrazia non può mai essere inteso nel senso di potere illimitato nei confronti della minoranza. Una democrazia che si possa davvero definire tale è dotata di un sistema di *check and balances* che, tanto a livello istituzionale, quanto a livello del rispetto delle libertà e delle prerogative di ciascuno, impedisce che un centro di potere o un soggetto possano prevalere sugli altri senza dare conto del loro operato. Questo è vero indipendentemente dall'affluenza elettorale, per cui, da questo punto di vista, una democrazia non è meno democrazia con il diminuire della base elettorale. Anzi, questo potrebbe addirittura essere visto come un segno di maggiore democrazia: così forte e tollerante che permette ai suoi cittadini persino di non esprimersi sulla scelta dei propri governanti, demandando ad altri questa incombenza. Con questo non si vuole negare che il fenomeno produca problemi di rappresentatività politica: tuttavia, se il sistema è ben congegnato, ciò non porta ad una diminuzione del suo "tasso di democraticità". Troppo spesso, infatti, ultimamente, si pone l'accento sul "volere del popolo", ignorando o fingendo di non sapere che, invece, una democrazia è tale anche e soprattutto grazie al suo sistema di garanzie e di diritti, che contemplano in particolar modo proprio le minoranze. Del resto, dove si sono registrati, storicamente, i tassi di partecipazione più elevata alle elezioni? Se si escludono i paesi democratici in cui la partecipazione elettorale è obbligatoria (che rappresentano un'eccezione e sono marginali, come il Belgio) tassi di partecipazione superiori al 90% si sono registrati solo nell'Italia fascista o nei paesi del blocco comunista, certo famosi per altro che la loro democraticità.

Se è vero, ed è vero, che la democrazia è partecipazione, una democrazia è davvero tale quando offre anche modalità di partecipazione che vadano oltre l'espressione del proprio diritto-dovere di voto. Si può partecipare democraticamente alla vita sociale mediante il volontariato, mediante l'impegno civile in vari settori, mediante la sensibilizzazione dell'opinione pubblica su varie tematiche, anche mediante un continuo processo individuale di informazione e di confronto nei vari scenari sociali in cui si opera. Il libero sviluppo dell'individuo in una democrazia si esplica infatti in una molteplicità di modi che vanno oltre la partecipazione alla tornata elettorale. La centralità di quest'ultima non può offuscare le altre; ed anzi, si potrebbe dire che tale centralità viene ad essere esaltata anche dalla libertà che viene lasciata al singolo cittadino di decidere se aderirvi o meno.

Ecco perché 1) considero da un lato certe critiche mosse alla democrazia occidentale sulla base dell'aumento dell'astensionismo elettorale strumentali e demagogiche, in quanto non suffragate da vera conoscenza dello sviluppo storico e dell'evoluzione dei processi democratici a cui si richiamano i sistemi in cui viviamo ed anzi spesso basate proprio su meccanismi contrari rispetto a quelli a cui si ispirano questi ultimi (penso, ad esempio, ad una certa retorica riguardante la "democrazia digitale") e 2) credo che non vi siano ricette precise per spingere le persone a tornare al voto e che, anzi, per certi versi non ci si debba neanche sforzare ad individuarne, dato che tale processo rientra in quello che ha subito nei secoli la normale evoluzione delle nostre democrazie "classiche". Ovvio che, così come in passato le tendenze autoritarie hanno purtroppo prevalso in alcuni casi (e l'esempio più lampante è, purtroppo, nuovamente il fascismo), si dovrà restare vigili per evitare che tali errori si ripetano (benché non mi pare che il "turnout" fosse basso alla vigila di alcune dittature: oltre il 70% nelle elezioni tedesche del 1933 che diedero la maggioranza relativa al Partito Nazista). Ma, per evitare tali errori si dovrà avere coscienza proprio di quei meccanismi dei quali spesso non si parla nei discorsi comuni, ammantati di retorica populista e di richiami al "volere del popolo": istituti di controllo tra poteri, rispetto delle minoranze, rispetto delle procedure democratiche senza forzature, rispetto delle leggi che riguardano il sistema dell'informazione, che dev'essere plurale e bilanciato (l'esatto contrario di quello che avviene, per esempio, con Berlusconi o con Murdoch), rispetto dei diritti fondamentali dell'individuo (cosa che non sta assolutamente accadendo, per esempio, nel Canale di Sicilia e nei centri di "accoglienza" per gli immigrati). Più che invogliare gli elettori a ritornare al voto, a mio parere si dovrebbe avere più attenzione per questi meccanismi. E chissà che poi, dopo un certo periodo di ripristino della democrazia in questi settori, i cittadini non tornino spontaneamente a votare.

Massimo Penitenti

Questo è quello che penso a proposito di una scarsa partecipazione al voto. Le persone non votano perché non intendono partecipare alla cosa pubblica.
Si è ottenuta una parvenza di libertà per cui non c'è più l'impellenza di riempire il piatto e si possiedono oggetti e servizi in più di quelli di cui si necessitava qualche anno fa.
Vero è che vi sono sacche di povertà che stanno gonfiandosi a causa della crisi economica internazionale ma è anche vero che laddove una famiglia spendeva, in un anno, 200 mila Lire per il servizio telefonico, ora spende alcune migliaia di Euro. Il costo di un minuto telefonico, rispetto ad una decina d'anni fa è diminuito di molto, ma ora ogni componente la famiglia possiede un apparecchio cellulare e, con i costi del servizio, ci vogliono, singolarmente, molto di più di 100 Euro annui. Le esigenze sono aumentate, ma queste contemplano

molto superfluo, questo genera un latente senso di colpa che porta ad essere più tolleranti nei confronti della mal gestione di chi governa.

Ci si rende conto che non si fa alcunché per modificare ciò che invece si ritiene necessario modificare: differenziare i rifiuti; consumare meno carburanti; giocare meno ai vari tipi di lotterie e simili; rispettare di più l'ambiente; cercare di possedere meno apparecchi elettronici che hanno per scopo lo svago; consumare meno energia. Sono tutti atteggiamenti che si vorrebbe vedere cambiare con leggi specifiche ma nel momento che qualcuno propone qualche cambiamento del cosiddetto stile di vita della popolazione generale, magari orientato ad un ormai indispensabile rallentamento del progresso e della produzione (da taluni chiamata Decrescita), accade che si scontri con il fatto che questi cambiamenti richiedono sacrifici che nessuno vuole affrontare: si tratta inoltre di sacrifici che comporterebbero una riduzione drastica delle ore lavorative e del prodotto interno lordo delle nazioni (il cosiddetto PIL), con un irrealizzabile processo di conservazione del potere di acquisto delle persone in quanto il loro stipendi diminuirebbero. Non accettiamo una riduzione degli stipendi perché comunque vogliamo disporre del denaro necessario a comprare le cose che sappiamo essere superflue, essendo perfettamente consapevoli dell'impossibilità di assumerci l'impegno di consumare meno.

Riteniamo sbagliato l'attuale modo di vivere e non vediamo in chi governa la capacità di iniziare una vita con paradigmi completamente diversi da quelli che ora seguiamo, perché ciascuno di noi ritiene difficile iniziare a cambiarli autonomamente.

È un circolo vizioso dal quale non sappiamo uscire e chi governa non ha alcuna intenzione di portare una nazione ad essere governata dal paradigma del benessere invece che dal benavere attuale; di portarla verso una ormai indispensabile decrescita, non una decrescita che porti a regredire ma che la riporti verso un consumo delle risorse del pianeta più consono a quelle che il pianeta mette a disposizione, mentre oggi consumiamo il doppio delle risorse disponibili per il benavere di una sola parte dell'umanità, consumando, quindi, risorse che naturalmente sarebbero destinate a chi verrà in futuro.

Il nostro pianeta è ormai molto rimpicciolito e la famosa globalizzazione è parte di ognuno di noi e questa è governata dalla finanza invece che dall'economia; i beni prodotti costano sempre meno e producono profitti sempre più piccoli mentre i guadagni più grossi vengono dalle speculazioni e dai servizi che si gestiscono con oggetti poco costosi.

Stiamo ottenendo sempre più tempo libero per noi stessi, ma non sappiamo che farcene se non spendendo sempre più denaro che ci è sempre più difficile ottenere lavorando.

Non ci fidiamo di chi ci governa principalmente perché al posto di costoro commetteremmo i medesimi illeciti per ottenere gli stessi privilegi: necessitiamo di denaro in quantità abbondantemente superiore a quella che sappiamo giusta e, al contempo, non sappiamo rinunciare a nulla.

Un tempo la partecipazione al voto era maggiore di adesso in quanto ci si fidava di più dei candidati o, comunque, li si riconosceva più colti di noi e quindi adatti a guidarci mentre oggi, ognuno di noi, riceve molte più informazioni di una volta e siamo quindi più sospettosi. Inoltre, molte delle informazioni che recepiamo non le comprendiamo fino in fondo, con il risultato che mentre da una parte vorremmo sostituire quelli di cui non ci fidiamo più dall'altra non ce la sentiamo di prendere direttamente il posto di chi ci governa, assumendo di fatto un atteggiamento contraddittorio tipico di chi pretende di allenare una squadra di calcio stando comodamente seduto sul proprio divano.

Tutti riteniamo di sapere come si governa mentre crediamo che la maggior parte dei candidati, invece, nulla sa di come si governa, quindi è inutile andare a votare perché nessuno dei candidati rappresenta, ne può rappresentare, ognuno degli elettori.

Ritengo che per fare bene qualsiasi cosa è necessario mettere in campo contemporaneamente tre capacità diverse tra loro: la capacità di fare, la capacità di ideare e la capacità di immaginare. Tutti noi, forse inconsapevolmente, siamo convinti che questo sia il solo modo per poter migliorare le cose, mentre un tempo non ci si curava di tutti e tre questi aspetti. Dato che avevamo molte meno nozioni di adesso, in pratica delegavamo altri a compensare le nostre mancanze: la maggior parte delle persone sapeva solo fare (artigiani, operai, piccoli venditori…); molti di meno sapevano anche ideare progetti e metterli in pratica (ingegneri, architetti, scienziati…), e solo in rarissimi casi ci si poteva imbattere in uomini capaci di unire a queste qualità anche quella di saper immaginare un futuro diverso e migliore (che fossero quindi anche intellettualmente più elevati). Questi uomini a noi superiori era facile individuarli e votarli, anche se non sempre le loro qualità millantate erano poi reali. Spesso, questo assunto portava la gente a votare acriticamente persone che approfittavano della ignoranza della popolazione.

Questo lo si nota nei regimi totalitaristi dove si diffonde l'idea di una democrazia "consentita" da chi governa con una conseguente enorme partecipazione al voto, partecipazione che raggiunge la totalità degli aventi diritto; questo per dire che un scarsa partecipazione non è necessariamente una fatto peggiore di una partecipazione vicina al 100%.

Si tornerà a partecipare numerosi al voto quando i candidati usciranno da liste di persone che partecipano attivamente alla vita delle persone comuni magari in organizzazioni dedite al sociale o in movimenti che individuano criticità e propongono soluzioni; finché i candidati saranno meri personaggi politici la partecipazione sarà sempre più scarsa.

Maurizio Cassinari

Domanda: perché il popolo non vota più? Mi verrebbe, d'istinto, da rispondere: "ma chi glielo fa fare?". In realtà, a mio parere, la risposta è racchiusa in quella frase che spesso si sente o si legge nei commenti del dopo voto degli ultimi anni, la "disaffezione alla politica". Già, la politica, percepita come un qualche cosa di alieno, diverso, subdolo, sporco quando in realtà dovrebbe essere la forma con la quale i cittadini partecipano alla vita comune. È da quando sono ragazzino, in effetti, che sento, percepisco in modo via via crescente con il passare degli anni, il sentimento di ostilità verso la politica in genere (tranne ovviamente, quando è utile elargitrice di favori!).
L'allontanarsi dalla partecipazione e poi dal voto è figlia di questa disaffezione che rappresenta il rifiuto di partecipare alla gestione del bene comune, sia in maniera diretta che indiretta (il voto).
L'Italia si è sempre retta, dal dopoguerra ad oggi, su un sistema essenzialmente clientelare dove, con "l'appoggio" giusto, si poteva ottenere il favore, il posto ecc. e per questo si andava a votare, per far vincere chi ti faceva il favore, qualunque cosa fosse. Sistema ovviamente favorito da una macchina burocratica inefficiente che, di fatto, rendeva spesso indispensabili i "favori" per cose che, in un sistema normalmente efficiente, sarebbero state ottenute in brevissimo tempo.
Insomma, le buone percentuali d'affluenza erano dovute soprattutto a questo, ma non solo, anche alla presenza di un forte partito della sinistra che era in grado, lui si, di far par-

tecipare attivamente i cittadini alla lotta politica, un partito solido, granitico direi. Chi si riconosceva nelle lotte e negli ideali del PCI andava a votare, e non erano pochi.

Mi rendo conto che, per essere breve, sono stato riduttivo, non voglio dire che una volta si votava tutti (più o meno) perché si era o clientelari o comunisti, però indubbiamente queste due categorie di elettori erano fortemente rappresentate lungo l'arco costituzionale.

Adesso manca tutto questo, il comunismo (e il PCI) non esiste più, il clientelismo è vissuto diversamente, è più difficile, a livelli estesi, di prima per vari fattori non ultimo la crisi che ci soffoca.

Per tornare ad affezionarci a un qualche cosa di partecipativo bisognerebbe martellare nelle teste dei cittadini, fin dalle elementari, il concetto che la partecipazione alla vita civile collettiva è un atto dovuto e giusto di ciascuno di noi verso gli altri cittadini. Bisogna intervenire nella cultura di questo paese, in tutti i sensi, elevare il livello medio dei suoi abitanti, portarli ad essere il più possibile persone istruite, che sanno come informarsi, sanno costruirsi delle opinioni e non semplicemente fare da ripetitori delle opinioni di chi strilla e sbraita. Per questo ci vuole educazione (non nel senso di belle maniere….. anche se non guastano), conoscenza, cultura. Allora si capirà, naturalmente e senza fatica, che votare si deve, anche se non è obbligatorio, anche se nessuno te lo impone, ma perché sei TU che sai, che senti che va fatto.

III

QUALE GOVERNO VI SARÀ NEL FUTURO DEL MONDO?

L'accusatore

Pino De Renzi

La democrazia è solo uno dei tanti sistemi politici di cui l'Uomo si è dotato per vivere in comunità. Non è il migliore né il peggiore dei sistemi possibili. In futuro potrebbe essere non più "conveniente" mantenerlo in vita o lo si potrebbe sostituire con altri sistemi.

La democrazia per me è alla fine del suo tragitto. Non basta più per permettere alle persone di soddisfare i propri bisogni in piena libertà. Anzi è divenuta una forma di costrizione, un recinto, una finzione. Un sistema politico non è mai migliore di un altro in senso assoluto. Lo è in rapporto al tempo in cui è stato costituito. Ma se cambiano i tempi ecco che devono anche cambiare i sistemi di governo. Tutto passa e anche la democrazia, che si credeva il sistema più perfetto al mondo, passerà. Nei secoli si sono succeduti molti tipi di ordinamenti sociali, che andavano bene per quell'epoca, e quando non servivano più venivano sostituiti più o meno violentemente con altri. Pensate che avvenisse perché fossero imperfetti? No! Erano solo ormai inadeguati. Come lo è ora la nostra democrazia. La spinta evolutiva delle società ormai globalizzate, interconnesse e interdipendenti chiede al mondo nuove forme di governo. La democrazia ha processi decisionali troppo lenti e ormai troppo corrotti e sarà in breve spazzata via.

Bisognerà arrivare ad un mondo dove anche le minoranze – non soltanto le maggioranze – siano considerate valide, potendo quindi rovesciare la piramide decisionale, e anche una sola persona, portatrice di una novità utile a tutti gli altri, possa essere capace di esprimere una nuova "legge"! Bisognerà arrivare ad un mondo dove non è il maggior consenso a dover avere ragione di esistere, ma l'idea in sé, che sia espressa da un uomo o da mille!

I difensori

Alfonso Artone

Rispondendo al quesito precedente, avevo terminato la mia riflessione con una domanda:
"Se pure individuassimo infatti un paniere – programma di governo ritenuto appetibile dalla stragrande maggioranza della popolazione, saremmo davvero sicuri che esso costituirebbe davvero quello più efficace per il sistema-Paese?"
La mia risposta è "molto probabilmente no", poiché ciò comporterebbe la coincidenza tra le aspirazioni della quasi totalità degli individui ed il "bene comune": ci ritroveremmo in pratica in quella situazione utopica a cui accennavo rispondendo alla prima domanda. In aggiunta, in tale ipotesi la popolazione dovrebbe possedere non solo un intaccabile senso civico, ma anche competenze sufficienti per discernere quale dei programmi proposti dalle varie coalizioni sarebbe il più efficace per il raggiungimento del bene comune.
Tenendo conto di questi limiti, quale dunque potrebbe essere la soluzione migliore per governare nel futuro?
Nel mio secondo libro, il romanzo fantascientifico "Mondo senza tempo", immagino la vita nella Terra nell'anno 2052, appena dopo una "rivoluzione ecologica" causata da una drammatica crisi energetica che risveglierà le coscienze della popolazione mondiale. Immagino un mondo suddiviso in soli cinque Stati, non corrispondenti ad una rigorosa suddivisione geografica, coordinati da un unico governo centrale, con competenze sui temi generali quali l'ecologia, la giustizia, la libertà di espressione. I cinque governi "locali" sono eletti in modo quasi "standard", cioè con il meccanismo del consenso, ma le elezioni sono rese molto più accessibili grazie alle nuove tecnologie: ogni singolo gesto nella vita quotidia-

na può generare un segnale di fiducia / sfiducia nell'operato del governo: una sorta di sofisticato sistema di valutazione da parte dei cittadini – utenti simile a quello che oggi è applicato nell'e-commerce, ma molto più evoluto in quanto ad ogni "voto" è associato un peso diverso a seconda del contesto in cui esso è stato espresso e il risultato finale associato al singolo cittadino – utente va comunque convalidato da quest'ultimo prima di poter essere contabilizzato. I governi locali durano in carica cinque anni ma possono essere teoricamente sfiduciati in ogni momento dai cittadini. Il governo centrale è scelto tramite un'elezione di secondo livello e la sua azione è coadiuvata da una sorta di super ministero della scienza, il "NIS" (Network Intelligenze Scientists) costituito dalle menti più eccelse di tutto il pianeta, selezionate in base a criteri strettamente scientifici e meritocratici. Il "NIS" ha potere praticamente illimitato su tutto ciò che è legato alla tecnologia, allo sviluppo, alla macroeconomia e alla scienza, e per governare applica un protocollo di intervento, denominato "Ready to Go". Secondo tale protocollo ogni scoperta o proposta di innovazione viene suddivisa in tre categorie: inutile, utile, vitale. Alle proposte definite vitali, sono assegnati fondi praticamente illimitati, in modo che nel giro di pochi mesi possano rimpiazzare quelle precedenti o possano essere applicate su larga scala a livello mondiale. Le scoperte definite utili necessitano di un periodo di rodaggio prima di poter essere applicate su larga scala e i fondi sono proporzionali alla valutazione da parte dei cittadini - utenti. Quelle inutili invece non ricevono alcun tipo di sostentamento dal governo centrale e, se vanno in conflitto con innovazioni simili ritenute utili, sono addirittura proibite per legge. Le proposte di innovazione possono essere presentate direttamente al NIS oppure possono essere carpite automaticamente dal sistema centrale (definito "Cervello Universale") a cui ogni cittadino è connesso quando espleta la gran parte delle attività quotidiane. Grazie al NIS e al protocollo "Ready to Go" una innovazione immaginata, anche inconsapevolmente, da un singolo cittadino e valutata positivamente può diventare a strettissimo giro una legge / prodotto diffusa a livello mondiale.

Sempre in questo mondo immaginario, il denaro è sostituito da un sistema di crediti basato sulle attività svolte (non solo il lavoro ma anche la formazione, la partecipazione civica etc etc..).

È ovvio che tale utopico sistema da me romanzato è ben lontano dall'essere quello "ideale" (ammesso che ne possa esistere davvero uno) poiché presenta insiti dei limiti - ampio potere degli scienziati, sistema di votazione / valutazione che deve essere necessariamente sofisticatissimo - che evidenzio in "Mondo Senza Tempo" e che costituiscono parte del suo "thrilling". Però, inserito in quel contesto storico / culturale, peraltro estremamente verosimile, ritengo possa essere (teoricamente e virtualmente, s'intende) uno tra i migliori sistemi di governo possibili.

In conclusione e in linea più generale: non ritengo esista una forma di governo e di partecipazione civica "ideale" e al contempo concretamente realizzabile, ma solo una "meno peggiore possibile", rapportata alle particolari contingenze della popolazione e del territorio dove essa è applicata. Nelle nostre attuali e disastrate condizioni socio politiche, a mio avviso, sicuramente va dato più spazio alla meritocrazia, anche e soprattutto per decidere chi ci governa, e va rivisto il sistema di voto, facendo sì che la gente sia invogliata a votare e che sia messa nelle condizioni di valutare costantemente l'operato del governo, non solo nel contesto elettorale - quando impazzano le varie campagne elettoral-pubblicitarie. L'idea di legare le preferenze, telematicamente, anche ai gesti della vita quotidiana ad esempio, per quanto ancora appartenente ad un contesto fantascientifico, potrebbe in futuro essere una soluzione concretamente realizzabile. E, perché no, forse andrebbe ripensato completamente anche il sistema monetario basato sul denaro, strumento obsoleto che sta dimostrando sempre di più i suoi limiti e i suoi paradossi (si pensi ad esempio al sistema del "moltiplicatore" o alle bolle speculative). Come andrà a finire? Lo scopriremo, temo ... molto presto.

Marco Tarantino

Difficile pronosticare quale forma di governo possa avere più diffusione nel futuro; ancora più difficile è estendere questa previsione addirittura ai prossimi secoli.
Il combinarsi della forma di governo con la forma di stato garantisce allo stato medesimo primazia ed esclusività rispetto alle altre forme di potere presenti in società (celebre è la definizione weberiana di stato: "entità che esercita su un determinato territorio, in maniera esclusiva, l'uso legittimo della forza").
La forma di stato afferisce allo stato inteso in senso più ampio, e si è espressa nel corso dei secoli a partire dalle forme più o meno evolute di stato assoluto, per giungere alle varie manifestazioni dello stato democratico odierno (passando attraverso i differenti stadi dello stato liberale); da questo punto di vista, una deviazione rispetto a questo schema è lo stato socialista.
La forma di governo si riferisce invece allo stato-apparato e si individua identificando l'organo in capo al quale si accentra la parte prevalente di potere sovrano. Nella fase attuale, quella del governo di tipo parlamentare, il potere è in teoria equamente distribuito tra Parlamento, Governo e Magistra-

tura (grosso modo titolari, rispettivamente, dei poteri legislativo, esecutivo e giudiziario). In pratica, le cose si sono andate evolvendo diversamente, soprattutto a partire dal Secondo Dopoguerra, con un sostanziale e graduale spostamento del "peso" dal Parlamento al Governo. In alcuni casi, tale spostamento è avvenuto senza traumi e senza frizioni, con apparati costituzionali che hanno via via preso atto e si sono adeguati a tale spostamento, come in Gran Bretagna (in cui la presenza di una Costituzione non scritta non ha necessitato di alcun adeguamento di tipo formale) o come in Francia (in cui, invece, si sono elaborati successivi testi costituzionali, fino a quello attuale che, partendo da un assetto di tipo puramente parlamentare, si è spostato ad uno di tipo semi-presidenziale); in altri casi, invece, il passaggio ha contemplato fasi traumatiche, durante le quali per lunghi anni si è persa la via democratica: Italia, Germania, Spagna per fare alcuni esempi. In questi Paesi l'esperienza fascista ha comportato la perdita della democrazia e della libertà per lunghi anni, fin quando la redazione di nuovi testi costituzionali ha formalizzato la ripresa della strada democratica.

In questo contesto si devono inserire anche forme di governo differenti da quella parlamentare, che si riconducono comunque ad una evoluzione di tipo democratico, come quella presidenziale che vige da molto tempo negli Stati Uniti o come quella direttoriale della Svizzera.

In generale, ma con riferimento ai Paesi europei, l'aumento dell'astensionismo da un lato (aggravato e, per lo meno in parte, determinato dalla paralisi nel processo delle riforme costituzionali ed economiche e dalla conseguente incapacità delle istituzioni nazionali a far fronte alle mutate esigenze della collettività) e la pressione dell'Europa dall'altro, hanno determinato una sorta di impasse nel processo evolutivo delle forme di governo occidentali. Si tratta di un circolo vizioso in cui le mutate condizioni dell'economia, l'invadenza di un mercato deregolato e spesso con scarsi caratteri di umanità, la rispondenza quasi esclusiva dei responsabili della politica nazionale ad istituzioni sovranazionali come l'Unione Europea o il Fondo Monetario, hanno finito per allontanare ulteriormente i cittadini (la "gente") dalla politica e dalle istituzioni.

Ritengo che l'evoluzione della forma di governo delle attuali entità statuali non possa essere esaminata distintamente da quella di cui saranno oggetto le istituzioni sovranazionali e comunitarie. Attualmente l'assetto dell'Unione Europea ha finito per schiacciare l'ambito di azione dei governi nazionali, drenando via da questi ultimi la "creatività" che spesso, in passato, avevano dimostrato di avere di fronte a situazioni difficili, come crisi economiche o di altro genere. L'Europa era stata concepita come una unione di popoli e lo è stata, nonostante tutto, per lunghi decenni; nell'ultima quindicina d'anni, invece, si è assistito ad una involuzione di tipo "tecnocratico" dell'Unione, che si è allontanata notevolmente dallo spirito di Ventotene, ma anche dagli intendimenti contenuti nel Libro Bianco di Delors.

Esaminando la situazione con realismo, quindi, se da un lato stiamo indubbiamente attraversando una sorta di "collo di bottiglia" nella storia dell'integrazione europea, dall'altro non posso che pensare che nel futuro saremo capaci, come popoli europei, di uscirne bene. E dico così perché l'alternativa sarebbe il ritorno ad una pletora di stati nazionali non competitivi, divisi dall'interesse particolare e ostili l'uno all'altro: in altre parole, un ritorno all'Europa delle guerre. Sono certo che nel momento in cui, magari gradualmente e senza grandi proclami, l'Unione tornerà ad essere una Comunità di Popoli oltre che una Comunità economico-finanziaria, allora il processo federativo riprenderà e potrà avere effetti benefici sugli assetti statuali interni. E potremo assistere alla nascita di una forma di governo sui generis, capace di agire a vari livelli: sovranazionale, nazionale, regionale, locale. Se si riuscirà ad allocare con equilibrio l'esercizio del potere tra le istituzioni legislative, governative e giudiziarie europee da un lato e quelle nazionali dall'altro, allora avremo qualcosa di nuovo e di più vicino ai cittadini. Questi saranno sempre liberi di partecipare al voto o meno, ma troveranno comunque nel nuovo assetto forme altrettanto nuove di partecipazione democratica e sociale. Una nuova forma di democrazia, una nuova forma di governo: un sogno? Forse, ma i Padri dell'Europa confinati a Ventotene e Santo Stefano hanno dimostrato che chi osa sognare può regalare Pace e Prosperità ai propri discendenti. E io voglio seguire il loro Esempio.

Massimo Penitenti

Viviamo in un'epoca di transizione tra l'era del carbonio e l'era del solare.

L'era del carbonio (e del nucleare), con la concentrazione dell'estrazione di petrolio, gas, carbone e uranio e con la concentrazione della produzione dell'energia, ha determinato equilibri di potere lontani da quelle che sono le esigenze dell'individuo che come contentino si vede illuso di poter scegliere votando chi avrebbe dovuto amministrare la cosa pubblica, ma che in realtà suffraga scelte imposte dall'alto.

L'era del carbonio vede chi comanda al vertice di una piramide e tutti gli altri alla sua base. Ha visto anche tentativi malriusciti di attribuzione di potere alla base di quella medesima piramide.

L'era del solare e delle energie prodotte da fonti rinnovabili vedrà la produzione di energia sempre più distribuita fra ciascun individuo. Sempre più oggetti vedranno in se stessi applicati sistemi di produzione di energia necessari a farli funzionare. Sempre più unità abitative e produttive diverranno la fonte dell'energia necessaria alla loro vita e sempre più vedranno prodotto un surplus di questa energia. Tutto questo renderà sempre più obsoleto ogni grande impianto di produzione (vedi le teorie di Rifkin).

L'interconnessione delle piccole fonti diverrà indispensabile anche per compensare la mancanza di continuità delle fonti rinnovabili (il sole non c'è sempre e il vento non soffia sempre) e una rete elettrica intelligente, che sappia dare energia laddove in un dato momento manca la fonte e la raccoglie laddove la fonte è più potente, sarà via via sempre più capillare.

Anche i confini vedranno sempre più ridotto il proprio attuale valore simbolico; la sempre più libera diffusione delle informazioni e dell'energia attribuirà loro sempre più un valore di mera comodità di gestione di territori delimitati più dai loro peculiari valori geografici e climatici che dal possesso, nel sottosuolo, di combustibili e metalli. I metalli già estratti saranno anche loro sempre più distribuiti sotto forma di oggetti e anche in questo caso il basso costo dell'energia comporterà, sempre più, una facilità di riutilizzo di materie prime estraibili da oggetti non più in uso.

Tolto il potere a chi detiene le fonti dei combustibili, i grandi impianti di produzione d'energia e le fonti di materie prime, si genererà, sempre come dice Rifkin, un potere "laterale" anziché piramidale, gli individui vedranno sempre più gli altri accanto a se piuttosto che in un diverso livello della piramide; la democrazia sarà sempre più reale e il desiderio di comandare vedrà trasferite altrove, rispetto all'attuale desiderio di amministrare, le ambizioni eccessive. Non sarà più appetibile, come è ora, diventare sindaco, ministro o capo di Stato, né più né meno di come è appetibile diventare diretto-

re di fabbrica o presidente di gruppo d'aziende.
Non so quanto ci vorrà e sicuramente non mi sarà dato di vedere questi cambiamenti determinati in modo decisamente percepibili, ma a questo punto la democrazia sarà diventata più democratica.

Maurizio Cassinari

Secondo me nessuna forma particolare prenderà il sopravvento, poiché non ci sono i presupposti per uno sviluppo che preveda un allargamento della democrazia (in qualunque forma si possa declinare questo concetto) anche a paesi in cui al momento non esiste o esiste solo in parte. Nel mondo occidentale sembra che si debba procedere con quello che c'è senza alcuna possibilità di miglioramento. Le forze politiche sono troppo legate ad uno status quo che permette loro di restare ancorate alle posizioni di governo (o di potere) cambiando poco o facendo finta di cambiare. Si parla sempre di più di "riforme", per fare l'esempio del nostro paese, ma le riforme sono un mantra ripetuto all'infinito come panacea di tutti i mali del paese e soprattutto si parla di riforme costituzionali, terreno delicato e vitale, che vadano a modificare il modo in cui il paese elegge i propri rappresentanti, ma queste stesse forze non intendono migliorare la vita democratica con queste riforme bensì piegarle sempre di più al loro controllo. Il loro sogno sarebbe quello di rendere ininfluente il risultato del voto.
Ecco, per contraddirmi con quanto enunciato all'inizio, potrei dire che questa sarà la forma di democrazia del "futuro", almeno se penso al nostro paese (inevitabile) cioè una democrazia di stampo sempre più partitocratico, perché, per ora, non ci sono da noi i presupposti morali e civili per cambiare in meglio.

UNA NUOVA PROPOSTA

A MINORANZA!

E se vi dicessi che invece un sistema futuribile alternativo e completamente rivoluzionario c'è?

Ve ne proporrò uno, che funziona esattamente al contrario della democrazia. La democrazia pretende di funzionare costituendo leggi in base alla maggioranza. Io ve ne proporrò uno che eleva leggi a minoranza. Tanto minoranza che per fare una legge basterà anche solo una persona. Ovviamente non sto parlando di dittatura. Sto parlando di una cosa decisamente diversa: sto parlando della Società dei principi e dei diritti. Un meccanismo decisionale rapido, efficiente, che coglie ogni minima novità nel panorama delle idee umane per farne la base di un miglioramento della società.

Impossibile, direte voi. No, non lo è.

MANIFESTO DELLA SOCIETÀ DEI PRINCIPI UNIVERSALI E DELLE MINORANZE

Lo Status Quo:

1) La democrazia partitica è un sistema di governo della società relativamente recente e non diffuso in tutto il mondo. Rappresenta un numero limitato di individui su scala mondiale e, anche dove è assunta come sistema di governo, risulta funzionante per una ridotta o non completa quota di cittadini (talvolta addirittura al di sotto del 50% della popolazione), anche se in realtà le leggi che essa esprime a "maggioranza" dei votanti si estendono automaticamente su tutti gli altri.

2) La democrazia partitica è solo uno dei sistemi possibili di governo ed è impossibile pensare che sia il migliore in assoluto e che quindi durerà fino alla fine dei tempi. Essa è servita in un certo momento storico, in una certa epoca e in un certo luogo ad una particolare classe sociale, culturale ed economica per sviluppare i propri interessi, ma davanti alle grandi spinte dei bisogni della società attuale sta mostrando dei limiti insormontabili di vera "rappresentatività" collettiva, soprattutto verso quelle che possono essere considerate le "minoranze" evolutive, dotate cioè di maggiore capacità di innovazione culturale e sociale, fonte primaria di ogni cambiamento.

3) La democrazia partitica non riesce a prendere in considerazione le spinte evolutive mondiali e globali, che in realtà sono molto più rapide di quanto il sistema dei partiti possa riuscire ad assorbire e ad asseconda-

re con giustizia ed equità. Se la democrazia partitica fosse stata il miglior sistema di governo in assoluto si sarebbe diffusa in tutto il mondo e molto più velocemente, mentre in realtà questo non avviene, neanche cercando di "esportarla".

4) La democrazia partitica vuole essere "rappresentativa" della volontà del popolo, volontà raccolta e convogliata attraverso il sistema dei partiti, appunto, ma in realtà la vocazione democratica ha finito, al contrario, per frenare ogni impulso al cambiamento, quasi sempre espresso dalle minoranze societarie o, per lo meno, ha finito per rallentarlo e renderlo condizionabile da parte di centri di potere sempre più oligarchici e autoreferenziali.

5) L'influenza dei massmedia e dei poteri economici è arrivata a livelli ormai asfissianti, non governabili né contrastabili dal semplice "meccanismo" dell'espressione del voto, in quanto esso è praticamente quasi nella totalità dei casi manovrabile e influenzabile a seconda delle prospettive che il potere governativo si prefissa.

6) Lungi dall'esprimere la "vera" volontà della società e non essendo più in grado di aprire nuovi orizzonti di cambiamento con tempi adeguati e rapidi, la democrazia partitica attuale si muove in realtà lungo principi che non sono di "guida" della società ma di "protezione" dei privilegi raggiunti da taluni a discapito degli altri.

7) La democrazia partitica è come una piramide rovesciata, in cui tutta la struttura societaria, anziché essere posta alla base per potersi elevare poco a poco verso il vertice in alto, è conformata di fatto come se il vertice di potere (quindi i partiti e il loro governo) fosse

situato in basso, tenendo assunto su di sé tutto il peso della struttura, condizionandone l'equilibrio in maniera totale. Ogni oscillazione non gradita al potere, porterebbe di fatto al crollo della società sovrastante, la quale quindi è ricattata dal potere in modo tale che essa è imprigionata e costretta ad avere un ambito molto ristretto di libertà in un senso o nell'altro. La struttura societaria va quindi riportata nella posizione originale, in modo cioè che la società sia alla base della costruzione e non invece appoggiata sul suo vertice.

8) Per far questo non tutto della vecchia democrazia va gettato via. Di essa va mantenuta l'idea che ci siano dei Principi Fondamentali validi per tutti gli Uomini, a qualunque stato sociale o razza o religione o genere essi appartengano.

9) A partire da una comunione di intenti a salvaguardia della specie umana e del suo divenire, però, il miglioramento delle sue condizioni di vita e di quelle di ogni ambiente presente e futuro in cui essa abiti e interagisca va perseguito scegliendo idee e proposte anche provenienti da un solo individuo che, non ledendo nessuno dei principi fondamentali precedenti, conceda alla società in cui quell'individuo vive e alla umanità tutta un vantaggio evolutivo immediato, senza aspettare che la maggioranza e i suoi poteri contingenti lo accettino.

10) Il meccanismo di selezione naturale delle leggi degli uomini si baserà quindi non più sul voto di una maggioranza, ma sul fatto che quel bisogno espresso anche da un solo individuo non leda nessuno dei principi fondamentali (non le leggi!) precedenti (mettere le tende bianche anziché marroni alle finestre non nuoce a nessuno!).

LA SOCIETÀ DEI PRINCIPI UNIVERSALI E DELLE MINORANZE

Assunti

Il cuore e il nucleo della futura società dei Principi Universali e delle Minoranze è dato dall'assunto fondamentale che la società si basa su pochi Principi comuni a tutti i popoli.

Quali siano i Principi Universali dell'Uomo potrà essere stabilito da un Consesso Mondiale in cui si scelgono le parti comuni delle varie costituzioni, ma che si ritrovano in tutte le società.

Il primo principio Universale potrà essere il diritto alla Vita.

Il secondo principio Universale potrà essere il mantenimento dell'equilibrio dell'ambiente indispensabile alla vita stessa e così via.

Questa è la BASE di partenza per la stesura dei Principi Universali, che dovranno essere poi sottoposti a revisione continua in base alle nuove sollecitazioni e proposte date dalle minoranze dei singoli, delle nazioni, dei popoli.

Il secondo assunto è che il bisogno o le idee di un singolo individuo possono essere il motore del miglioramento di tutta la società e devono poter essere messe in pratica con le leggi, anche se esso è di fatto in minoranza.

LA SOCIETÀ DEI PRINCIPI UNIVERSALI E DELLE MINORANZE

Leggi generali

1. Prima legge generale della SOCIETA' dei PRINCIPI E DELLE MINORANZE è che ogni richiesta di riconoscimento di un diritto da parte di chiunque è assolutamente legittimo e ne va perseguito il suo soddisfacimento. Affinché nessuno esprima priorità lesive nei confronti degli altri cittadini, c'è bisogno che l'espressione della volontà delle minoranze avvenga all'interno di un sistema di Principi universali di diritti e doveri condivisi dall'Umanità e recepiti nei singoli Paesi.
2. La seconda legge è che la società cambia e si evolve tanto più con giustizia e rapidità quanto più vi è il rispetto delle volontà e dei bisogni delle minoranze e non della maggioranza.
3. La terza legge è che il potere non deve essere propositore, ma esecutore. Esso non deve stabilire le leggi, ma prendere atto dei bisogni espressi dalla società e trovare il modo affinché questi siano soddisfatti.

GLI ORGANI E I POTERI NELLA SOCIETÀ DEI PRINCIPI UNIVERSALI E DELLE MINORANZE

Il Potere Esecutivo

1) Le leggi non devono essere espressione del parlamento, ma espressione di chiunque. Per fare una legge basta anche un cittadino soltanto, la minoranza più estrema che si possa immaginare. Altresì, le leggi possono essere espressione di piccoli gruppi o di associazioni o di rappresentanze via via più grandi e numerose, ma tutte con pari dignità e uguale peso giuridico. L'idea espressa da un singolo uomo deve essere valutata come importante al pari di quelle espresse da gruppi cospicui di uomini. Il parlamento non può e non deve bloccare le richieste di leggi, né indirizzarle o condizionarle, ma ha solo il potere di trovare il modo più consono di attuarle nel rispetto fondamentale dei principi universali.

Se così, per esempio, un uomo, una donna o un piccolo gruppo di persone propongono una legge sulla base di un bisogno sociale e questo non lede nessuno dei principi universali riconosciuti, questa espressione di minoranza diventa automaticamente legge, attraverso il parlamento, che la ratifica dopo averne controllato e certificato semplicemente la non lesività nei confronti dei diritti del resto dell'umanità. Non c'è più quindi bisogno che il parlamento si esprima a maggioranza per poter rendere applicabile una legge, ma soltanto che quella legge rispetti i principi universali dei diritti e dei doveri. In questo senso, se anche un solo individuo esprime un bisogno sociale e se questo non lede nessuno dei principi universali, quella richiesta diviene automaticamente legge.

2) Al parlamento, potere legislativo, spetta il compito
di filtrare le richieste di nuove leggi e di valutarne la
compatibilità con i principi universali.

3) È compito del governo, quindi del potere esecutivo,
trovare il modo di rendere esecutive le leggi approvate, appunto, promuovendone l'adozione nel sistema
sociale e rimuovendo tutti gli ostacoli sociali, culturali
ed economici al loro adempimento.

4) I parlamentari non sono eletti su base rappresentativa,
ma in base al loro curriculum formativo e professionale, reso disponibile su base volontaria. I parlamentari
quindi servono la società grazie alle loro capacità, che
vengono retribuite adeguatamente rispetto alle loro
mansioni, con incrementi applicati in base ai risultati
ottenuti.

5) Ogni richiesta che arrivi in sede di controllo parlamentare riguardo la sua attuabilità deve soggiacere anche
al controllo della fattibilità economica. Se questa può
essere assorbita dallo Stato la legge viene attuata immediatamente, se invece per la sua attuazione c'è bisogno di fondi aggiuntivi, sarà compito innanzitutto dei
parlamentari stessi di proporre meccanismi adeguati
di finanziamento. Se questo non fosse possibile si demanderà ai proponenti la legge l'onere di trovare fondi legittimi di copertura economica o, in alternativa, di
cercare vie di sostegno.

Il Potere Giudiziario

Nella società dei principi universali e delle minoranze il potere Giudiziario ha le funzioni attuali. Sono solo le leggi ad essere formulate e approvate in modo diverso.

La Corte Costituzionale

Nella società dei principi universali e delle minoranze la Corte Costituzionale ha il compito di garantire l'aderenza delle leggi ai principi universali e di revisionare, se necessario, la carta dei principi e dei diritti, aggiungendo quei principi e diritti che vengano via via riconosciuti come alienabili e universali. Il riconoscimento di tali principi non può che avvenire internazionalmente, con il consenso delle nazioni che aderiscono alla carta universale dei diritti (si auspica quindi che lo siano o lo divengano progressivamente tutte). Anche qui, il riconoscimento dei nuovi principi non può che avvenire che nel modo suindicato per le leggi. È infatti inalienabile e universale quel principio che, pur apportando istanze nuove di diritti, non leda gli altri principi già definiti universalmente accettati, a partire da quello, primo tra tutti, del diritto alla vita, da cui discendono tutti gli altri.

GLI AUTORI

Alfonso Artone

A lungo primo in classifica Amazon Fantascienza, con "Mondo Senza Tempo" e vincitore del "Belgioioso Giallo" con "Gli Angeli di Rock Castle", Alfonso Artone è laureato in Economia e padre di tre figli. Scrive per il quotidiano "l'Avvenire", per il mensile "La Città del Golfo" e per il quotidiano online "Forum News". Come scrittore ha esordito con il giallo "gli Angeli di Rock Castle", con il quale ha ottenuto un buon successo di vendite (4 ristampe), ha vinto il premio Belgioioso Giallo 2010 e il Creatività e Scienza 2009 (miglior copertina di Lara Artone). Il suo secondo romanzo, "Mondo Senza Tempo, il segreto del Prescelto" giunto ora alla seconda edizione, è stato a lungo primo in classifica vendite su AMAZON, categoria fantascienza, ed è stato per un mese tra gli ebook più venduti in tutte le categorie. Nel 2014 è stato coautore con Dino Artone di "Minturno è Traetto: luoghi, s toria, arte e Folklore", un corposo volume di 820 pagine che ha ottenuto, tra gli altri, il patrocinio di Regione Lazio, Provincia di Latina, Comune e Pro-Loco Minturno. Presidente dell'ASD Stella Maris e dell'Associazione culturale "Aquadro", tiene corsi di scrittura creativa, fantasy e fantascientifica. Artone è stato recensito ed apprezzato da diversi critici, giornalisti ed esperti letterari quali ad esempio: Plinio Perilli, Filippo Signore, Crescenzo Fiore, Marcello Rosario Caliman, Giuseppe Mallozzi, Michelangelo Iossa, Grazia Sotis.

Giuseppe De Renzi

Giuseppe (Pino) De Renzi è nato il 20 Marzo 1964 a Scauri di Minturno (Latina).
Vive a Torino dal 1994.
È medico microbiologo.
Scrittore molto attivo: ha pubblicato romanzi, poesie, testi per il teatro e racconti, scritti da solo o a quattro mani con altri.
Il suo spirito attento alle novità lo ha portato varie volte alla scrittura in collaborazione con altri autori. Ha fondato inoltre diverse iniziative dedicate alla cultura ed alla letteratura.
Citiamo in proposito il Premio Culturale Dragut, istituito nel territorio di Minturno - Scauri, l'associazione SCRI.VI.MI. (Scrittori Visionari Missionari), la partecipazione all'AMSI (Associazione Medici Scrittori Italiani) da cui ha ricevuto un premio per il racconto "La strada di Cremolino".
Assieme agli autori Graziano Di Benedetto e Marco Dibenedetto ha fondato la scuola di scrittura creativa "Scrivere secondo noi".

Marco Tarantino

My name is Marco… ho 42 anni e sono papà di due stupendi bambini. Potrebbe bastare questo… o forse no. Mi definisco un padre escursionista, riesco a trovare equilibrio tra i monti e nella natura, insieme alle persone a cui sono legato. Sono laureato in scienze politiche e, seppur con alti e bassi, ho mantenuto questa mia passione, prendendo atto di quanto sia spesso difficile riuscire a svolgere un discorso completo di riferimenti e di elementi storico-scientifici in questo campo. Ma, per indole, non mi sottraggo mai al confronto. Ed è anche per questo che ho contribuito al pamphlet.

Massimo Penitenti

Nasce a Bolzano il 29 gennaio 1962. Vive a Minturno, Latina, dal 1992 dove, da compositore tipografico e linotipista apre una piccola tipografia, attualmente trasformata in cartotecnica al servizio dei colleghi stampatori, nel vicino comune di Cellole. Trasferisce, da una decina di anni, propri pensieri, brevi racconti e poesie sul suo blog "I miei solchi" e le immagini delle sue opere in legno d'olivo sul blog "Cucchette e Forchiai". Opera per la difesa dell'ambiente fondando con amici il Comitato Antinucleare Garigliano, di cui cura il blog, dove ha promosso l'ultimo referendum contro la produzione di energia elettronucleare e per seguire da vicino lo smantellamento della ex centrale del Garigliano partecipando all'apposito "Tavolo della Trasparenza" della Regione Campania. Ha collaborato con funzionari della Regione anche alla riapertura del "Tavolo della Trasparenza" laziale.

Maurizio Cassinari

Mi chiamo Maurizio Cassinari, sono un "ragazzo" dell'ormai lontano 1955, Piemontese, non d.o.c. ma con alcune spruzzatine, in varia percentuale, di lombardo, veneto e, forse, emiliano. Dopo gli studi classici (messa così fa un certo effetto) ho conseguito, in quel di Pavia, una laurea in Biologia. La professione che mi permette di apparecchiare il desco domestico ogni giorno è quella di dirigente di un laboratorio analisi ospedaliero, professione che comunque mi piace e mi continua ad appassionare, per le sfide tecnologiche e per le ricadute ed i rapporti con il versante strettamente clinico. Tutto questo nonostante una "brutta" politica, sviluppata dai vari governi degli ultimi anni, tenti di ridurre la medicina di laboratorio ad un qualcosa sempre più simile ad un numerificio.

L'altra mia grande passione è la fotografia, che occupa quasi interamente il mio tempo libero insieme al supporto, da tifoso ma anche da fotografo, a mio figlio, giocatore di pallavolo e studente universitario, e a mia moglie, anche lei giocatrice di pallavolo (lei adesso solo amatoriale). Altra grande passione… i miei gatti, Bimba e Roby, ai quali, ahimè, concedo di farmi di tutto, anche passeggiarmi sulla tastiera del pc mentre scrivo queste note

Sommario